KONAN KRA

Leadership Spirituel

KONAN KRA

Leadership Spirituel

Le besoin de leadership

Éditions Croix du Salut

Imprint
Any brand names and product names mentioned in this book are subject to trademark, brand or patent protection and are trademarks or registered trademarks of their respective holders. The use of brand names, product names, common names, trade names, product descriptions etc. even without a particular marking in this work is in no way to be construed to mean that such names may be regarded as unrestricted in respect of trademark and brand protection legislation and could thus be used by anyone.

Cover image: www.ingimage.com

Publisher:
Éditions Croix du Salut
is a trademark of
Dodo Books Indian Ocean Ltd. and OmniScriptum S.R.L publishing group

120 High Road, East Finchley, London, N2 9ED, United Kingdom
Str. Armeneasca 28/1, office 1, Chisinau MD-2012, Republic of Moldova, Europe
Printed at: see last page
ISBN: 978-620-6-17040-2

A.   LEADERSHIP SPIRITUEL-PARTIE 1

B.   LE BESOIN DE LEADERSHIP

1.   Les gens recherchent quelqu'un pour les conduire dans les desseins de Dieu, la voie de Dieu.

2.   Ils veulent être conduits vers la Terre Promise, vers la maturité spirituelle et développement personnel, dans les choses dans lesquelles Dieu voudrait les impliquer.

3.   Il existe un potentiel de croissance dans tous les domaines de la vie. La clé est spirituelle, efficace leadership.

4.   Un bon leader mobilise les gens dans l'action.

5.   Lorsque vous dirigez avec rigueur et vision, vous obtiendrez un succès profond.

6.   Le leadership spirituel n'est pas une occupation, c'est un appel qui a un impact sur le monde et étend le royaume de Dieu.

C.   LES DIRIGEANTS SONT DES SERVITEURS

1.   Pour être un leader spirituel, vous devez avoir un désir sincère de servir Dieu efficacement.

2.   Dieu ne cherche pas des leaders, il cherche des serviteurs qui répondront à l'appel être des leaders (Es. 59:16; Ezek. 22:30).

3.   Quand Il trouve un homme désireux d'être façonné en serviteur, les possibilités de leadership sont illimitées.

4.   En tant qu'homme, acceptez le défi d'être cette personne que Dieu cherche à utiliser.

5.   Soyez son instrument pour construire son royaume et changer le monde.

6.   Dites-lui: «Me voici, envoie-moi!

D. LE DÉFI DU LEADER

1. Les gens ont désespérément besoin de leaders capables d'apporter un changement positif dans leur vie.

2. C'est triste à dire, l'église perd en fait de l'influence dans le monde parce qu'il manque de bon leadership.

3. Jésus a averti que de faux prophètes se lèveraient et égareraient beaucoup (Matthieu 24:11), des gens comme Jésus baoulé et autres .

4. Rien n'est plus important aujourd'hui que le leadership spirituel.

5. Les librairies stockent des étagères avec des livres sur le leadership et la gestion mais laisse Dieu de côté.

6. Ils vous forment à être un PDG , pas un berger.

7. Aujourd'hui, les pasteurs sont jugés en termes de personnes, de dollars et de bâtiments.

8. Plus il y en a, plus le pasteur réussit.

9. La piété d'un pasteur n'est souvent pas prise en considération.

10. Les défaillances morales sont ignorées tant que les gens et l'argent continuent d'affluer.

E. UN LEADER DONT LE MONDE A BESOIN

1. Le monde a besoin de dirigeants qui cherchent à être guidés par le Saint-Esprit et pas le dernier sondage d'opinion.

2. Ils ont besoin de leaders qui s'efforcent d'atteindre un objectif plus élevé que de simplement faire un bénéfice.

3. Ils ont besoin de leaders qui sont dans l'agenda de Dieu et non dans le leur.

4. Les dirigeants chrétiens qui connaissent et recherchent Dieu seront plus efficaces que les dirigeants les plus compétents et les plus qualifiés qui dirigent sans Dieu.

5. Leleadershipspirituelestlaresponsabilitédetousleshommesquiveulent faire une différence positive dans ce monde

6. Entrez dans la Parole et soyez le leader que Dieu vous a appelé à être

F. LE RÔLE DU LEADER : CE QUE FONT LES LEADERS

1. Sans comprendre leur rôle, les leaders sont voués à l'échec.

2. Les hommes ont besoin d'un sens clair de leur rôle en tant que leader spirituel afin qu'ils puissent concentrer leur énergie sur ce que Dieu les appelle à faire.

3. Qu'est ce-que le leadership?

4. Il existe plus de 850 définitions différentes de ce qu'est le leadership.

5. Pas étonnant que les gens soient si confus. Il ya trop de normes pour être à la hauteur.

6. Harry Truman a dit : "Un leader est un homme qui a la capacité d'amener les autres à faire ce qu'ils ne veulent pas faire et à aimer ça."

7. Les leaders quine font aucune différence dans la vie de leurs partisans ne sont pas réellement des leaders.

8. Les chefs spirituels doivent être des hommes d'État spirituels et pas seulement des politiciens spirituels.

9. Le leadership est finalement mesuré non pas en fonction des compétences du leader, mais par les résulta leader.

10. La popularité n'est pas le leadership, les résultats le sont.

G. PERSONNES D'INFLUENCE

1. Oswald Chambers a dit : "Le leadership est l'influence, la capacité d'une personne à influencer les autres."

2. Un dirigeant doit savoir comment exercer une influence conforme à la volonté de Dieu.

3. Les leaders spirituels n'essayent pas de satisfaire les ambitions des personnes qu'ils ne dirigent que ceux du Dieu qu'ils servent.

4. La tâche centrale du leadership est d'influencer le peuple de Dieu vers les desseins de Dieu.

5. Un homme est un bon chef spirituel lorsque les desseins de Dieu sont avancés.

6.	Leur rôle est de faire entrer les gens dans l'agenda de Dieu.

7.	Tous les hommes de tous âges et de tous horizons ont en eux une quantité incroyable d'influence donnée par Dieu.

8.	Vous avez la capacité donnée par Dieu de donner le ton spirituellement et relationnel quelle que soit la situation dans laquelle vous vous trouvez.

9.	Vous pouvez avoir un impact positif sur votre famille, vos amitiés, votre église, votre quartier, votre lieu de travail.

10.	Un bon leader tient compte de Dieu et de ses objectifs lorsqu'il cherche à montrer la voie de Dieu.

## H.	DÉFINITION DE L'INFLUENCE

1.	L'influence est le pouvoir de changer ou d'affecter quelqu'un ou quelque chose.

2.	C'est le pouvoir de provoquer des changements sans les forcer directement à se produire.

3.	Le mot influencer signifie" affecter; déterminer ;guider; façonner; gouverner; former; altérer; réglementer; modifier".

4.	Une personne influente affecte quelqu'un ou quelque chose d'une manière importante.

Ils créent un environnement propice à des changements positifs.

5.	Cela demande des efforts et une détermination à ne jamais abandonner.

6.	Mettez l'armure de Dieu. Soyez un homme de force ,d'honneur ,de dignité et d'intégrité.

7.	Dieu est avec vous, vous avez donc tout ce dont vous avez besoin pour être courageux, fort, sage et fidèle.

8.	Développer le vocabulaire de la sagesse et de la gentillesse. Donnez des instructions divines avec amour et compassion.

9.	Ce que vous dites et comment vous le dites détermine s'il sera reçu ou pas par les autres.

10.	Les gens vous suivront s'ils pensent que vous vous souciez vraiment d'eux.

A.   LEADERSHIP SPIRITUEL-PARTIE 2

1.   Le leadership spirituel amène les gens vers l'agenda de Dieu.

2.   Il y a cinq éléments distinctifs du leadership spirituel impliqués dans cette définition.

B.   LA TÂCHE DU CHEF SPIRITUEL

1.   La tâche principale d'un chef spirituel est de déplacer les gens d'où ils sont et les amener là ou Dieu veut qu'ils soient. Exemple de Moise

2.   Une fois que les chefs spirituels comprennent la volonté de Dieu, ils font toutleurpossiblepourqueleursdisciplesnesuiventplusleurpropreprogramme   et poursuivent les desseins de Dieu.

3.   C'est l'influence .Ils dirigent de manière à amener les gens à changer d'attitude et de comportement.

4.   Les leaders amènent les gens à travers un processus de persuasion et d'exemple .Vous ne conduisez pas et ne forcez pas les gens à faire quoi que ce soit.

5.   Vous ne conduisez pas du bétail, vous ne conduisez pas des moutons.

6.   Lorsque les chefs spirituels font leur travail, les gens rencontrent Dieu et sont prêts à obéir et à se soumettre à sa volonté.

C.   DÉPENDEZ DU SAINT-ESPRIT

1.   Les leaders spirituels dépendent du Saint-Esprit.

2.   Pourquoi ?

Parce que Dieu les appelle à faire des choses que seul Dieu peut faire.

3.   Les leaders spirituels ne peuvent pas produire de changement chez les gens, seul le Saint-Esprit peut le faire.

4.   Pourtant, Dieu utilise les gens comme il a utilisé Moïse pour délivrer les enfants d'Israël de l'esclavage égyptien.

D. LES LEADERS SPIRITUELS SONT RESPONSABLES DEVANT DIEU

1. Les dirigeants doivent accomplir la volonté de Dieu, pas la leur.

2. Les dirigeants ne font pas d'excuses.

3. Ils assument la responsabilité d'inciter les gens à faire la volonté de Dieu.

4. Le véritable leadership spirituel consiste à amener les gens là où ils sont, là où Dieu veut qu'ils soient.

E. INFLUENCER TOUT LE MONDE

1. Les chefs spirituels peuvent influencer tout le monde, pas seulement le peuple de Dieu.

2. Dieu est à l'œuvre sur le lieu de travail ainsi qu'à l'église locale.

3. Son ordre du jour s'applique sur la place du marché ainsi qu'au lieu de réunion.

4. Dieu peut vous utiliser pour exercer une influence divine même sur les non-croyants.

5. Dieu a utilisé Joseph pour influencer Pharaon qui était un incroyant.

F. LE PROGRAMME DE DIEU

1. Les leaders spirituels travaillent à partir de l'agenda de Dieu.

2. Le plus grand obstacle au leadership spirituel est que les gens poursuivent leur propre programme plutôt que de rechercher la volonté de Dieu.

3. Trop de gens supposent que le rôle de leader s'accompagne de la responsabilité de déterminer ce qui doit être fait.

4. Non, les chefs spirituels recherchent la volonté de Dieu et poussent ensuite les gens à suivre cette volonté.

5. Ils ne disent pas,"Suivez-moi."

6. Ils disent: «Suivons tous ensemble Dieu."

G.   JÉSUS EST LE MODÈLE

1.   Jésus est le meilleur modèle pour un bon leadership

2.   Il a toujours cherché la volonté du Père ! Toujours!

3.   Jean 3:16 montre que le plan du salut était le plan du Père, pas le plan du Fils.

4.   Jésus connaissait la volonté du Père et ne laissait pas les autres le détourner de sa mission.

5.   La tentation dans le désert était la tentative de Satan d'empêcher Jésus d'obéir au Père.

6.   Jésus est venu pour accomplir le plan de salut du Père.

7.   Il a ajusté sa vie pour faire ce que le Père voulait.

H.   RELATION AVEC LE PERE

1.   La clé du leadership de Jésus était la relation qu'il avait avec le Père.

2.   Luc2:52,"Jésus agrandi en sagesse et en stature, et en faveur devant Dieu et les hommes."

3.   Jésus a développé sa relation avec le Père ainsi qu'avec les gens.

4.   Jésus priait souvent et partait seul pour passer du temps seul avec le Père.

5.   Jésus a dit dans Jean5:30,"Je ne peux rien faire par moi-même."

6.   Un bon leader est d'abord un bon suiveur de Dieu.

7.   Ils suivent Dieu qui est leur chef.

8.   Les dirigeants disent: «Que ton règne vienne, que ta volonté soit faite sur la terre comme au ciel » (Matthieu 6:10).

I.   DIEU FIXE L'ORDRE DU JOUR DES DIRIGEANTS

1.   Les dirigeants doivent avoir la volonté de se soumettre à la volonté de Dieu.

2.   Ceux qui lui cèdent seront façonnés selon Ses desseins.

3.   Toute la vie est une école. Aucune expérience, bonne ou mauvaise, n'est jamais perdue (Rom. 8:28).

4.   Dieu ne gaspille pas le temps des gens.

5.   Il n'ignore pas leur douleur.

6.   Il apporte la guérison et la croissance de la pire expérience.

A.   LEADERSHIP SPIRITUEL-PARTIE 3

B.   LES DIRIGEANTS CONNAISSENT LA VOLONTÉ DE DIEU

1. La chose la plus importante au monde est de connaître et de faire la volonté de Dieu.

2. C'est la clé du succès.

3. Jésus nous a appris à prier : «Que ta volonté soit faite sur la terre comme au ciel » (Luc 22:42).

4. John Mac Arthur a dit: "La marque distinctive d'un chrétien est une préoccupation et un centrage de sa vie sur la volonté de Dieu."

5. Les parents ne devraient jamais dire à leurs enfants: «Vous pouvez grandir et être ce que vous voulez être », même si cela sonne bien.

6. Vous n'êtes pas né pour grandir et faire tout ce que vous voulez. Non, tu étais né pour faire la volonté de Dieu.

7. C'est la volonté de Dieu qui devrait diriger chaque décision que vous prenez et chaque pas que vous faites.

C.   AVANT VOTRE NAISSANCE

1. Dieu a pensé à chaque détail de votre vie avant même votre naissance.

2. PS.139:16, "Tu m'as vu avant ma naissance. Chaque jour de ma vie a été enregistré dans ton livre. Chaque instant a été tracé avant qu'un seul jour ne se soit écoulé.

3. Cela étant, demandez-lui quelle est sa volonté sur tout ce qui vous concerne.

4. Demandez-lui qui vous devriez épouser et qui devraient être vos amis.

5. Demandez-lui où vous devriez aller à l'église et où vous devriez travailler.

6. Demandez-lui comment dépenser votre temps et votre argent.

7. David a dit dans le Ps. 143:10, "Apprends-moi à faire ta volonté, car tu es mon Dieu, ton esprit est bon. Conduis-moi dans le pays de la droiture."

8. L'endroit le plus sûr au monde est au centre de la volonté de Dieu.

D. PROFITEZ DE VOTRE VIE

1. Dieu veut que vous profitiez de votre vie.

2. Sa volonté et son but pour votre vie ne sont pas une chose pesante.

3. Jésus a dit: « Car mon joug est doux et mon fardeau léger» (Matthieu 11:30).

4. Il ne vous appellera pas pour faire quelque chose que vous n'aimez pas faire.

5. Si vous n'aimez pas ce que vous faites - si votre vie est misérable - alors vous n'êtes probablement pas dans la volonté de Dieu.

6. La volonté de Dieu pour votre vie s'harmonisera avec la façon dont Il vous a créé.

7. Sa volonté s'accorde parfaitement avec votre personnalité et vos dons et désirs.

8. Il sait que si vous n'aimez pas ce que vous faites, vous ne le ferez probablement pas très longtemps.

E. LE BESOIN DE DÉSIR

1. Dieu vous révélera sa volonté lorsque vous aurez un profond désir de connaître et de faire sa volonté.

2. Ce désir vient de votre amour profond pour Lui, d'une sainte appréciation pour tout ce qu'Il a fait en vous et pour vous.

3. La volonté de Dieu n'est pas un secret. Il est prêt à vous le révéler lorsque vous serez prêt à le recevoir.

4. C'est là que le désir entre en jeu.

F. COMMENT SE PREPARER?

1. Rom.12:1-présentez vos corps à Dieu comme un sacrifice vivant.

2. Abandonnez volontairement votre volonté à la volonté de Dieu.

3. Soyez prêt à faire n'importe quoi et tout ce que Dieu veut que vous fassiez.

4. Soyez comme Ésaïe qui a dit : « Me voici .Envoie-moi»(Ésaïe6:8).

G.   ET LA SUITE?

1.   Rom.12:2,"Et ne vous conformez pas à ce monde, mais soyez transformés par le renouvellement de votre esprit, afin que vous puissiez prouver quelle est cette volonté bonne, acceptable et parfaite de Dieu."

2.   En d'autres termes, vous ne pouvez pas penser comme le monde pense.

3. Leurs mœurs changent du jour au lendemain.

4.   Ce qui n'allait pas hier est considéré comme acceptable aujourd'hui.

5.   Il faut un engagement pour renouveler votre esprit.

6.   Cela prend du temps et de l'énergie .Cela demande un investissement.

7.   Une fois votre esprit renouvelé, vous saisirez des choses qui étaient auparavant difficiles à comprendre. comprendre.

8.   Paul dit que si vous accordez votre esprit à Dieu, Il vous révélera Sa volonté.

H.   DEUX TESTAMENTS

1.   Dieu a deux volontés que vous devez chercher à accomplir.

2.   Il y a la volonté générale de Dieu telle qu'elle se trouve dans la Bible qui s'applique à tout le monde.

3.   Ensuite, il ya la volonté spécifique de Dieu qui vous concerne personnellement.

4.   Vous adorez Dieu lorsque vous cherchez Sa volonté dans ces deux domaines

I.   CHARIOT AVANT LE CHEVAL

1.   Vous ne pouvez pas mettre la charrue avant les bœufs.

2.   Dieu ne vous révélera pas sa volonté spécifique si vous ignorez la Bible et vivez une vie remplie de péchés (c'est à--dire un péché volontaire et habituel).

3.   Lisez votre Bible quotidiennement et faites ce qu'elle vous dit de faire.

4.   Permettez à Dieu de transformer votre vie à l'image de Christ.

J. TEMPS SEUL AVEC DIEU

1.   Si vous obéissez à la Bible de tout votre cœur et de toute votre âme, vous pourrez demandez-lui des directives concernant les décisions que vous devez prendre dans la vie.

2.   Jésus a dit : "Mes brebis entendent ma voix, et je les connais, et elles me suivent" (Jean 10:27).

3.   Pour entendre Dieu, vous devez passer du temps seul avec Dieu.

4.   Ralentissez et restez silencieux assez longtemps pour l'entendre parler.

5.   Approchez-vous de Dieu et il s'approchera de vous (Jacques4:8)

6.   Préparez un moment et un lieu pour rencontrer Dieu.

7.   Fixez une heure à laquelle vous êtes bien éveillé.

8.   Choisissez un endroit où vous ne serez pas dérangé par les autres. Éteignez la télé et laissez votre téléphone dans l'autre pièce

K. SOYEZ TOUJOURS

1.   Ralentissez. Soyez silencieux .Soyez tranquille.

2.   PS.46-10:«Silence et sachez que je suis Dieu.»

3.   Dieu parle d'une petite voix douce (1Rois19:11,12).

4.   Sa voix est douce et tendre. C'est une voix aimante, douce et tendre.

5.   Il parle dans un murmure à l'intérieur de votre cœur.

6.   Vous devez être calme et silencieux pour l'entendre parler.

7.   Dieu est un vrai gentleman. Il ne vous interrompra pas si vous parlez tout le temps.

8.   Dieu veut vous parler, mais vous devez lui donner l'occasion de le faire.

9.   Prenez du temps pour Dieu et Il prendra du temps pour vous.

L. DEUX OU TROISTÉMOINS

1.   2 Cor. 13:1, "Par la bouche de deux ou trois témoins, que toute parole soit établie."

2.   Dieu vous confirmera quelle est Sa volonté.

3.   Cette confirmation peut venir de la lecture de la Bible, de votre pasteur, d'un ancien de l'église, de la personne qui vous guide ou de votre situation.

4.   Des opportunités données par Dieu se présenteront à vous.

5.   Paul a écrit dans1Cor.16:9,"Car une porte grande et efficace s'est ouverte pour lui ."

6.   Faites attention aux portes qui s'ouvrent et aux portes qui se ferment.

7.   À vrai dire ,de nombreuses portes se fermeront avant que la bonne porte ne s'ouvre.

8.   Ne vous laissez jamais décourager par une porte qui se ferme.

9.   Cela signifie simplement que la bonne porte s'ouvrira quelque part sur la ligne.

M.   DIEU VEUT QUE VOUS SOYEZ HEUREUX

1.   Dieu veut des disciples heureux, pas ceux qui sont tristes et misérables.

2.   C'est pourquoi Ps.37:4 dit que Dieu vous accordera les désirs de votre cœur.

3.   Ce que votre cœur désire, c'est la volonté de Dieu qui explose dans votre cœur.

4.   PS.20:4,"qu'Il t'accorde selon le désir de ton cœur ,et accomplisse tout ton dessein."

A. LEADERSHIP SPIRITUEL-PARTIE 4

B. UNE FOI FORTE

1. Pour être un leader spirituel, vous aurez besoin d'une foi solide.

Il s'agit d'un changement de vie, de construction de royaume, de déplacement de montagnes, une foi qui altère l'éternité et brise le péché.

2. Jude 20 dit que vous pouvez vous édifier sur votre très sainte foi.

3. Vous avez besoin d'une foi qui ne peut pas s'arrêter, une foi qui ne s'arrêtera pas.

4. Dites à voix haute :"Je ne peux pas m'arrêter !Je ne m'arrêterai pas!"

5. N'abandonnez jamais, n'abandonnez jamais!

C. LES ATTENTES DÉTERMINENT L'EXPÉRIENCE

1. Vous ne pouvez recevoir "de" Dieu que dans lame sure où vous croyez "en" Dieu.

2. Plus vous pensez que Dieu est grand, plus votre foi sera grande.

3. La taille de votre Dieu détermine le niveau de vos attentes.

4. Dieu fera dans votre vie autant ou aussi peu que vous êtes prêt à le laisser faire.

5. Tout dépend de la taille qu'Il a pour vous.

6. Dans votre esprit, Dieu est-il plus grand que le cancer ? La pauvreté? Le péché et la mort ?

D. UN EXEMPLE DE FOI FORTE

1. Mat.8:5-13 raconte comment un centurion vint demander de l'aide à Jésus.

2. C'était du jamais vu un soldat romain s'est approché du Messie.

3. Un centurion est un officier romain à la tête de cent hommes.

4. Ils ont été identifiés par les casques à plumes rouges qu'ils portaient.

5.   Même dans la poussière et le brouillard de la bataille, les hommes sauraient toujours qui suivre.

6.   Le leadership ne consiste pas à avoir un titre ,c'est vivre une vie digne d'être suivie.

7.   Vivez une vie où les gens sont prêts à suivre votre exemple.

8.   Le centurion dit à Jésus: « Seigneur ,mon serviteur est couché chez lui paralysé, affreusement tourmenté » (v. 6).

9.   Notez que les dirigeants se soucient toujours de ceux qui sont sous leur autorité.

10.   Il se souciait tellement qu'il était prêt à appeler cet homme "Seigneur".

E.   UN SAUVEUR AMOUREUX

1.   Jésus adit:« Je viendrai le guérir»(v.7).

2.   Remarquez que le centurion n'avait pas encore demandé à Jésus de faire quoi que ce soit.

3.   Notez également que Jésus était disposé à aider un ennemi du peuple juif.

4.   Le révèle quel Sauveur aimant nous servons.

5.   Jésus a entendu parler d'un problème et dit immédiatement qu'il s'en occupera.

6.   C'est le cœur et la compassion que Jésus avait.

7.   Jésus est désireux de répondre aux besoins. C'est ce qu'ilest venu sur la terre pour faire.

8.   Les choses ne sont jamais trop mauvaises pour que Jésus ne vous aide pas.

9.   Plus le cas est désespéré ,plus ily a d'espace pour la grâce de Dieu.

10.   Jésus entrera dans votre vie aussi longtemps que vous êtes prêt à le laisser faire.

F.   GRANDE EST VOTRE FOI

1.   Lisez Matthieu 8 ;8-10

2.   "Grand «signifie «méga"; énorme ;super-taille.'

3.   Vs.13:«Va, et comme tu as cru, qu'il te soit fait ainsi.»

4.   Une grande puissance est déverrouillée par une grande foi.

5.   La foi est comme le mot de passe qui ouvre tout sur votre ordinateur.

6.   Tapez le mot de passe et tout est à votre disposition.

7.   L'incrédulité vous exclut du système.

i.   LA CLÉ DU POUVOIR

1.   La foi est la clé de la puissance de Dieu.

2.   Par la foi ,des choses impossibles arrivent(Matthieu17:20).

3.   C'est ce qui fait que Dieu travaille dans votre vie.

4.   Il apporte dans votre vie la puissance que Dieu désire vous donner.

5.   Ses yeux parcourent la terre à la recherche de quelqu'un à qui montrer sa puissance.

6.   Dites-Lui: "Seigneur, ne cherche pas plus loin."

7.   La foi ouvre toutes les portes, franchit toutes les barrières.

8.   L'Ancien Testament et le Nouveau Testament disent tous les deux: "Le juste vivra par la foi."

ii.   JÉSUS ÉMERVEILLÉ

1.   Ce centurion avait le type de foi qui émerveillait Jésus.

2.   Il a demandé à Jésus un miracle à longue distance.

3.   "Dis juste un mot et mon serviteur sera guéri" vs.8).

4.   Pourquoi a-t-il dit cela?

5.   Il se souciait de Jésus. Il ne voulait pas qu'Il devienne souillé et impur en allant dans la maison d'un Gentil.

6.   Il savait aussi que Jésus avait autorité .Il disait: "Dites simplement un mot de guérison.

7.   Jésus a pensé,"Wow!" Sa mâchoire tomba .Il s'est émerveillé.

8.   En grec ,le mot" émerveillé " était "un grand étonnement déconcertant".

9.   Il a créé le monde, il était donc difficile à impressionner.

10.   Vs. 10, "En vérité, je vous le dis, je n'ai pas trouvé une si grande foi, pas même en Israël."

11.   Il dit à ses disciples: «Avez-vous entendu cela? C'est de cela que je parlais.

I.   QUE CE SOIT !

1.   Avec joie et surprise, Jésus dit: «Comme tu as cru, qu'il te soit fait ainsi» (v. 13).

2.   Le miracle a été accordé ! Qu'il en soit ainsi!

3.   C'est ce que signifie le mot "Amen"-qu'il en soit ainsi.

4.   Lorsque vous voulez quelque chose, dites à haute voix :«Au nom de Jésus, Amen ! Que ce soit !

5.   Charles Spurgeon a dit: "Les mots' que ce soit' sont les règles du royaume de Dieu."

6.   Si vous croyez un peu Christ, Il vous bénira avec peu.

7.   Si vous croyez beaucoup en Christ, Il vous bénira beaucoup, tellement que cela débordera.

8.   La foi est un chèque en blanc que vous remplissez pour votre bénédiction.

J.   PAR OÙ COMMENCER

1.   Dans le royaume de Dieu , les grandes choses commencent petites.

2.   Vous ne pouvez pas croire pour mille dollars si vous ne pouvez pas croire pour dix dollars.

3.   Commencez petit mais ne restez pas petit.

4.   Progressez vers des choses plus grandes et meilleures.

5.   Voyez au-delà de la graine de foi que vous avez plantée et voyez la pleine

récolte de ce qu'elle produira.

6.   Une petite graine de moutarde produit une grosse plante qui peut atteindre 9 pieds de haut.

7.   Zach.4:10,"Ne méprise pas les jours des petites choses."

8.   vous, Rome ne s'est pas construite en un jour, mais elle a été construite.

9.   Il est ensuite devenu le foyer de l'un des plus grands empires que le monde ait jamais connus.

10.   Grandissez dans la foi et Dieu fera de vous une centrale électrique pour l'évangile.

A.   LEADERSHIP SPIRITUEL-PARTIE 5

B.   LES DIRIGEANTS DONNENT LE TON

1.   Les dirigeants donnent le ton. Les gens ne s'élèvent pas au-dessus de leurs dirigeants.

2.   Le leadership consiste davantage à" être" qu'à "faire".

3.   Un leader est ce que vous "êtes ",pas ce que vous faites.

4.   Au fur et à mesure que les leaders grandissent personnellement, ils augmentent leur capacité à diriger. À mesure que les dirigeants augmentent le capacité à diriger, ils élargissent la capacité de leurs suiveur à grandir.

5.   La meilleure chose qu'un leader puisse faire pour ses partisans est de grandir personnellement.

C.   LA FABRICATION D'UN LEADER

La plupart des plus grands leaders de l'histoire ont été des gens ordinaires. Beaucoup n'étaient ni physiquement impressionnants ni doués pour les études. Napoléon Bonaparte mesurait 1,706 m, Harry Truman mesurait 1,675 mètre. Abraham Lincoln a souvent été ridiculisé pour ses traits irréguliers.

1.   Il a dit un jour: "On m'a accusé d'être hypocrite. Si c'était le cas, pensez-vous que je garderais celui-ci?"

2.   Winston Churchill avait un zézaiement et bégayait.

3.   Qu'est-ce qui a fait de ces hommes de grands leaders?

4.   C'était la clarté et la force de persuasion de leurs idées, la profondeur de leur engagement et leur ouverture à apprendre continuellement davantage.

D.   EXPÉRIENCES DE LA VIE

1.   Les expériences de la vie peuvent grandement affecter le type de leaders que les hommes deviennent.

2.   L'enfant le plus âgé d'une famille est plus susceptible de dirigerparce que ses parents lui confient plus de responsabilités.

3.   Leur supériorité en taille, en force et en connaissances leur donne confiance.

4.   Leur lien avec leurs parents leur permet de commencer à exercer le leadership dans leur foyer dès leur plus jeune âge.

5.   La vie familiale d'une personne est un facteur majeur dans le développement du leadership.

6.   Une expérience saine peut développer un fort sentiment d'estime de soi et des compétences relationnelles efficaces

E.   L'ŒUVRE DE DIEU DANS LA VIE DES DIRIGEANTS

1.   Pour vous aider à être un leader, Dieu vous donne le Saint-Esprit.

2.   Il n'existe pas de chef spirituel autodidacte.

3.   Dans Rom. 12:8, Paul identifie le leadership comme quelque chose que le Saint-Esprit permet aux gens de faire.

4.   Les actes spirituels exigent des moyens spirituels.

5.   Zach. 4: 6 dit: "Ni par la force ni par la puissance, mais par mon Esprit", dit le Seigneur.

F. 6 ÉTAPES DU DÉVELOPPEMENT

LEADERSHIP G.1ère ÉTAPE –FONDATION SOUVERAIN

1.   Cela implique l'activité de Dieu dans vos premières années.

2.   Des choses telles que l'ordre de naissance, l'amour parental, la prospérité ou la pauvreté, la perte d'êtres chers par décès ou divorce, la stabilité ou les bouleversements.

3.   Ce sont tous des facteurs sur lesquels un enfant n'a aucun contrôle.

4.   La façon dont les gens réagissent à ces facteurs détermine leur potentiel de leadership.

5.   Deviennent-ils amers ou meilleurs?

H.2ème ÉTAPE -CROISSANCE DE LA VIE INTÉRIEURE

1.   C'est le moment où vous développez votre personnage ainsi que votre Vie spirituelle.

2.   C'est le moment où les gens sont sauvés et remplis du Saint-Esprit.

3.   Paul a prié dans Eph. 3:16 afin que vous soyez "puissamment fortifiés par son Esprit dans l'homme intérieur".

4.   Sans le Saint-Esprit, le caractère de l'homme ne sera pas développé.

I.3ème ÉTAPE -MATURITÉ DU MINISTÈRE

1.   Cette étape est celle où les gens font leur première tentative de leadership spirituel.

2.   Ils peuvent diriger une cellule ou une étude biblique.

3.   Ce sont ces expériences lorsque Dieu vous enseigne ce que signifie être un leader spirituel.

4.   C'est quand les gens commencent à comprendre leurs forces et leurs faiblesses.

5.   À ce stade, l'accent est davantage mis sur qui est le leader à l'intérieur plutôt que sur ce qu'il fait à l'extérieur.

J.4ème ÉTAPE-MATURITÉ DE VIE

1.   C'est à ce moment que les leaders spirituels commencent à se concentrer sur leurs points forts.

2.   Ils recherchent Dieu pour des opportunités de leadership dans lesquelles ils peuvent être les plus efficaces.

3.   Jusqu'à présent ,Dieu a travaillé "dans" le leader .Il commence maintenant à travailler "à travers" le leader.

4.   C'est par l'échec et le succès que Dieu mûrit les gens.

5.   Beaucoup dépend de nos réactions aux circonstances de la vie à travers que Dieu leur apporte.

6. Les réponses positives guideront l'homme vers un niveau de leadership   plus mature.

K.5ème ÉTAPE-CONVERGENCE

1.   C'est à ce moment que vous convergez vers un travail spécifique où tout ce que vous avez appris seront utilisés pour une efficacité maximale.

2.   Ce sera le travail où vous connaîtrez votre plus grand succès ,où vous atteindrez votre plein potentiel en tant que leader spirituel.

L. 6ème ÉTAPE -CÉLÉBRATION

1.   C'est un niveau de leadership que peu de gens atteignent.

2.   Cela vient après que l'on a réussi à diriger les autres pendant une période de temps significative.

3.   Les leaders spirituels qui réussissent passent ce temps à célébrer et à bâtir sur le travail que Dieu a fait en eux et à travers eux.

4.   C'est aussi le moment d'enseigner à la prochaine génération.

A.   LEADERSHIP SPIRITUEL-PARTIE 6

B.   DIEU DONNE LA MISSION

1.   Dieu détermine la mission de chacun.

2.   Ce n'est pas un rôle pour lequel on postule ,il est assigné par Dieu.

3.   Les hommes ne deviennent des leaders spirituels que si Dieu les appelle à ce rôle et les équipe pour cela.

4.   Dans la Bible, Dieu a choisi des gens ordinaires lorsqu'ila trouvé quelque chose de spécial dans leur cœur.

5.   Il n'y a rien de mal à vouloir être un leader spirituel.

6.   En fait, c'est quelque chose que vous devriez vouloir devenir.

7.   Être un leader es tce pourquoi l'homme a été créé.

8.   Cherchez Dieu de tout votre cœur et attendez que sa volonté soit révélée.

B.   PAS PAR ACCIDENT

1.   Le leadership spirituel ne se produit pas par accident.

2.   Elle se développe au fur et à mesure que Dieu mûrit les gens dans leur caractère ainsi que dans leur relation avec Lui.

3.   Le caractère comprend la sagesse, l'intégrité, l'honnêteté et la pureté morale.

4.   La relation implique la confiance en Dieu, obéissance avec un amour profond pour lui.

5.   Le dénominateur commun des personnes que Dieu a utilisées dans la Bible était qu'elles avaient toutes un caractère droit et qu'elles marchaient étroitement avec Lui.

6.   Plus l'affectation est grande, plus le caractère est grand et plus proche la relation avec Dieu sera nécessaire.

D. BASÉ SUR LE CARACTÈRE

1. Les missions de Dieu sont toujours basées sur le caractère.

2. Plus le caractère est grand, plus l'affectation est grande.

3. Aucun rôle n'est plus important que celui d'un chef spirituel.

4. Pour être un leader, Dieu construira en vous un caractère capable de gérer une mission aussi significative.

5. La construction du caractère prend du temps .Il n'y a pas de raccourci.

6. Deux facteurs entrent enjeu -votre confiance en Dieu et votre obéissance à Lui.

7. Dieu utilise les événements quotidiens bons ou mauvais pour modeler et façonner les dirigeants.

8. Souvent , ces événements échappent à votre contrôle.

9. Ce sont des événements qui vous demandent de mettre votre confiance en Dieu.

E. LA VISION DU LEADER

1. La vision est essentielle et tous les dirigeants doivent être des visionnaires.

2. Si vous ne pouvez pas voir où vous allez, il est peu probable que vous y arriviez.

3. San s une vision claire, il y a danger d'être détourné.

4. Vous échouerez à accomplir votre vision donnée par Dieu.

5. Les grandes visions inspirent les gens formidables à faire de grandes choses.

6. Walt Disney ,Henry Ford et Thomas Edison ont tous eu de grandes visions.

7. Les leaders ont de grandes visions qui inspirent les gens et les unissent à de grandes réalisations.

F. D'OÙ VIENT LA VISION

1. Les leaders spirituels recherchent toujours la volonté de Dieu et obtiennent leur vision de Lui.

2. Demandez à Dieu et il vous révélera sa vision.

3. Le peuple de Dieu vit par révélation divine.

4. Prov29:18," Là où il n'ya pas de révélation, le peuple abandonne la retenue."

5. Cela signifie qu'ils se déchaînent. Ils deviennent des vagabonds comme Caïn.

6. La vision mondaine est quelque chose que les gens produisent, la vision pieuse est une révélation que les gens reçoivent.

7. N'importe qui peut rêver d'une vision mondaine, mais la vision de Dieu doit être révélée.

8. Dieu seul établit l'ordre du jour. Cherchez sa volonté et ajustez votre vie à lui.

9. Cela vous amènera à utiliser votre foi.

10. Dépendez de Dieu avec un nouveau sentiment d'urgence.

G. LE RÔLE DU LEADER

1. Le rôle d'un leader spirituel n'est pas d'imaginer des rêves pour Dieu.

2. Leur rôle est d'obtenir la volonté de Dieu et d'influencer les gens à suivre cette volonté.

3. Les leaders sont proactifs par nature mais ne se précipitent pas dans l'action.

4. Passez du temps avec Dieu afin que vous puissiez entendre clairement ce qu'il veut que vous fassiez.

5. Les visions de Dieu sont absolues. Ils ne sont pas ouverts à la discussion ou au débat.

6. De plus, ils sont impossibles à réaliser en dehors de Lui.

7.   La bonne nouvelle est que ce qu'il a promis, il l'accomplira complètement en son temps et à sa manière.

8.   Phil.1:6,"Celui qui a commencé en vous une bonne œuvre l'achèvera jusqu'au jour de Jésus-Christ."

9.   Le rôle du leader est de communiquer l'agenda de Dieu au peuple, pas de créer la vision et ensuite de s'efforcer d'inciter le peuple à y adhérer

H.   LA VISION INSPIRE LES GENS.

1.   Les grandes visions émeuvent les gens.

2.   La vision de John F. Kennedy de placer un homme sur la lune d'ici la fin de la décennie a mobilisé une nation pour accomplir ce qui semblait impossible.

3.   De grandes visions peuvent motiver les gens à faire des choses qu'ils n'auraient jamais tentées autrement.

4.   Les visions doivent être claires, convaincantes et profiter à tous.

5.   Vous ne pouvez pas demander aux gens de donner le meilleur d'eux mêmes- et d'obtenir de grands avantages sans préciser clairement un avantage pour eux.

6.   Vous devez donner aux gens une raison de travailler, un avantage qui améliorera leur vie.

7.   Il ne peut pas sembler que ceux qui en bénéficient le plus soient ceux qui promeuvent la vision.

8.   La bonne nouvelle pour les dirigeants chrétiens est que les croyants veulent faire partie de quelque chose que Dieu fait.

9.   Ils veulent que leur vie fasse une différence dans le monde.

10.   Ils veulent faire partie de quelque chose d'important.

A. LEADERSHIP SPIRITUEL-PARTIE 7

B. COMMENT LES DIRIGEANTS COMMUNIQUENT-ILS UNE VISION?

1. Les leaders spirituels ne «vendent" pas une vision et n'essaient pas non plus d'amener les gens à "adhérer" à leur vision.

2. Les chefs spirituels partagent ce que Dieu leur a révélé.

3. Ils font ensuite confiance au Saint-Esprit pour confirmer cette même vision dans les cœurs des gens.

4. Les chefs spirituels ne peuvent pas changer les gens ni les persuader. Seulement le Saint-Esprit peut faire cela.

5. Le rôle du chef spirituel est de témoigner de ce que Dieu dit.

6. Ils doivent amener leurs disciples dans une rencontre face à face avec Dieu.

7. Cela leur permettra d'entendre Dieu directement par eux-mêmes.

8. Une fois que les gens entendront parler de Dieu pour eux-mêmes, rien ne les empêchera de voir que le travail est fait et que la vision s'accomplit.

C. LA CLÉ DU LEADERSHIP SPIRITUEL

1. La clé du leadership spirituel est d'encourager les gens à grandir dans leur relation avec Dieu.

2. Vous ne pouvez pas demander aux gens de suivre un Dieu qu'ils ne connaissent pas très bien.

3. Au furet à mesure que leur relation avec Dieu se renforcera, ils entendront Dieu eux-mêmes et voudront Le suivre.

4. Vous n'aurez pas à les attirer ou à les convaincre de faire quoique ce soit.

5. Une proximité avec Dieu apporte l'obéissance.

6. Pour qu'une vision puisse émouvoir les gens, ils doivent être convaincus que la vision vient de Dieu et pas simplement du du leader.

7. Lorsqu'ils sauront que la vision vient de Dieu, il n'y aura aucune limite à ce qu'ils seront prêts à faire en réponse.

D. LE LEADERSHIP EST LA COMMUNICATION

1. Vous ne pouvez pas être un mauvais communicateur et être un bon leader.

2. Les dirigeants ne peuvent pas se lasser de témoigner de ce que Dieu fait.

3. Dieu les a conduits jusqu'ici et il a un plan pour leur avenir.

4. Connaître et suivre ce plan dans ce qu'est la vision divine.

5. Le défi prédominant pour les dirigeants est de savoir comment amener les gens à les suivre.

6. Les leaders sans suiveurs ne sont pas des leaders.

7. Les leaders échouent lorsqu'ils ne peuvent pas inspirer les gens à les suivre, peu importe la noblesse de leurs rêves.

8. La question de l'influence est essentielle dans le leadership chrétien.

9. Les leaders qui échouent peuvent avoir une bonne image mais ils manquent de substance.

10. Ils développent l'apparence d'un leader sans développer le caractère d'un leader.

E. SOURCES D'INFLUENCE DE DIEU

F. L'AFFIRMATION DE DIEU

1. C'est à ce moment que Dieu affirme les dirigeants devant les yeux du peuple.

2. Exemples : Moïse, Josué, Samuel, Jésus

3. Lorsque Dieu est satisfait de la vie d'un leader, sa présence divine est indubitable.

4. La puissante présence de Dieu dans la vie d'un leader est trop écrasante pour être ignorée.

5. Les dirigeants mondiaux ont reconnu que Billy Graham possédait la sagesse divine.

6. Il devrait toujours y avoir des preuves de l'affirmation de Dieu.

G. DES VIES CHANGÉES

1.   Quand quelqu'un dirige par la puissance de Dieu ,des vies sont changées.

2.   Les gens sont poussés à expérimenter Dieu dans une nouvelle dimension.

3.   Au fond d'eux mêmes, les gens veulent plus que se divertir, ils veulent changer.

4.   Ils veulent développer l'avancement spirituel dans leur vie.

H. DIEU EST RECONNU

1.   Dieu agit lorsque les dirigeants marchent par la foi et non par la vue.

2.   Cela amène les gens à reconnaître que c'est Dieu derrière l'agenda du leader.

I. ILS SONT COMME CHRIST

1.   Les dirigeants pieux fonctionnent à la manière de Christ.

2.   Ceux qui les suivent ressemblent davantage à Christ.

3.   Paul a dit,"Suivez-moi comme je suis le Christ"(1Cor.11:1).

4.   Les dirigeants se soumettent à la volonté du Père, tout comme Jésus l'a fait.

5.   Il y a un abandon complet de soi aux desseins de Dieu.

6.   Tout ce qu'un leader peut faire ,c'est se soumettre.

J. RENCONTRES AVEC DIEU

1.   Le leadership spirituel découle de la relation intime et dynamique d'une personne avec Dieu.

2.   Vous ne pouvez pas être un leader spirituel si vous ne rencontrez pas Dieu de manière profonde et qui change la vie.

3.   Ces rencontres vous amènent à abandonner chaque partie de votre vie et de votre volonté à Dieu.

4.   Vous vous soumettez à Lui entièrement et complètement.

5.   Avec cette soumission vient une conscience plus profonde de sa présence.

6.   Cela vous amènera à suivre le Christ avec un abandon téméraire, à lui donner la seigneurie absolue sur votre vie.

7.   Cette humble soumission est ce qui permet à Dieu d'exercer son pouvoir à travers votre vie. Grâce à ce pouvoir vient un leadership spirituel qui peut changer le monde

A. LEADERSHIP SPIRITUEL-PARTIE 8

B. CARACTÈRE D'UN LEADER

1. Le caractère d'un homme est fondamental pour son succès en tant que leader.

2. Ce que les gens apprécient le plus chez leurs dirigeants, c'est l'honnêteté et l'intégrité.

3. Les gens considèrent l'honnêteté plus importante que leurs réalisations

4. Le leadership est basé sur la confiance.

5. Ce fondement est l'honnêteté et l'intégrité.

6. Le test ultime de la crédibilité d'un leader est de savoir s'il fait ce qu'il dit qu'il fera.

7. De tous les peuples ,les chefs spirituels doivent être connus pour leur honnêteté.

8. Ils ne doivent jamais exagérer la vérité pour impressionner les gens.

9. Lorsque les gens voient des dirigeants étirer la vérité, ils perdent confiance en leur capacité à diriger.

10. Les suiveurs ne s'attendent pas à ce que leurs dirigeants soient parfaits, mais ils s'attendent à ce qu'ils soient honnêtes.

C. DÉFINITION DE L'INTÉGRITÉ

1. L'intégrité est un attachement au principe moral.

2. Honnêteté et sincérité.

3. Droiture ; intégrité; complétude.

4. C'est la condition d'être intact ou non corrompu.

5. C'est être cohérent dans son comportement en toutes circonstances.

6. 2 Pierre 3:14 dit:" Soyez diligent pour être trouvé par lui en paix, sans tache et sans reproche."

7. Lorsque les dirigeants sont intègres, leurs partisans savent toujours à quoi s'attendre.

8. Ils supposent que les dirigeants sont dignes de confiance pour diriger.

9. L'intégrité donnera au leader le bénéfice du doute de la part des suiveurs qui ne voient pas encore la vision aussi clairement que le leader.

10. L'intégrité n'est pas automatique. C'est un trait de caractère que les dirigeants cultivent consciemment dans leur vie.

D. UN PARCOURS RÉUSSI

1. Peu de choses apportent plus de crédibilité à un leader qu'un succès constant et à long terme.

2. Le succès est un signe que Dieu bénit un chef spirituel.

3. Avoir un palmarès gagnant est le moyen le plus sûr d'être considéré comme compétent.

4. Les dirigeants ne peuvent pas exiger le respect ,ils ne peuvent que le mériter.

5. Vous ne pouvez pas vous attendre au respect sans établir d'abord une histoire de Succès.

6. Rien ne remplace l'expérience.

7. Commencez petit et gravissez les échelons du succès.

8. Mat.25:23,"Tu as été fidèle en peu de choses ,je te confierai beaucoup de choses.

E. OBÉISSANCE ET CROISSANCE

1. Le leadership est une entreprise progressive qui dépend de l'obéissance.

2. Plus vous lui obéissez, peu importe la taille ou l'humilité de la tâche, plus vous le connaîtrez d'une manière intime.

3. Cela augmente votre foi en lui.

4. En retour, cela vous donne la maturité spirituelle pour gérer toute tâche que Dieu vous confie ensuite.

5.	Grâce à ce modèle d'obéissance et de croissance, les chefs spirituels atteindront un plus haut degré d'influence parmi ceux qu'ils dirigent.

6.	Les disciples sont beaucoup plus motivés pour soutenir les dirigeants qui démontrent un service fidèle à Dieu.

7.	Le succès d'un leader est mesuré par le fait qu'il a déplacé les gens d'où ils étaient à l'endroit où Dieu veut qu'ils soient.

8.	C'est basé sur le fait qu'il sont accompli ou non la volonté de Dieu.

9.	L'accomplissement des desseins de Dieu est le seul indicateur complet et infaillible de succès.

## F.	PRÉPARATION

1.	La préparation apporte une profonde confiance aux dirigeants.

2.	Les leaders les plus performants sont ceux qui ont fait leurs devoirs à fond.

3.	Les dirigeants peuvent prendre des décisions capitales en toute confiance s'ils sont préparés.

4.	La préparation implique une formation. Les bons leaders prennent du temps pour apprendre.

5.	Billy Graham a dit un jour: "J'ai échoué plusieurs fois, et je ferais beaucoup de choses différemment si je pouvais revivre ma vie. D'une part, je parlerais moins et j'étudierais plus."

6.	Les dirigeants qui font l'effort d'obtenir une formation adéquate ont plus de crédibilité auprès de ceux qu'ils dirigent.

7.	Une bonne éducation forme les dirigeants à penser par eux-mêmes.

## G.	DIRIGEZ AVEC VOTRE ESPRIT

1.	Dieu vous a donné un esprit. Utilise-le!

2.	Les penseurs spirituels dirigent avec leur esprit.

3.	Ils ouvrent de nouvelles voies à travers les modes de pensée et de résolution de problèmes traditionnels.

4.	Ce sont les penseurs qui ont exercé l'influence la plus durable sur l'histoire du monde.

5.	Les esprits paresseux ne changent pas le monde.

6.	Vous devez discipliner votre esprit pour rendre gloire à Dieu.

7.	Jésus a passé beaucoup de temps à étudier les Écritures et à prier.

8.	Il a passé trois ans à préparer les disciples à continuer le travail après son retour au ciel.

## H.	FAIRE LA DIFFÉRENCE

1.	Les chefs spirituels qui ont fait une différence durable dans leur société sont ceux qui ont étudié assidûment les Écritures.

2.	Ils ont constamment cherché à connaître Dieu.

3.	Ils ont poursuivi sans relâche sa volonté pour eux-mêmes et ceux qu'ils dirigent.

4.	Ils profitent des occasions de discipliner leur esprit pour penser.

5.	Lorsque vous prenez le temps de vous préparer spirituellement et mentalement, vous laisserez une marque durable sur l'histoire humaine.

A. LEADERSHIP SPIRITUEL-PARTIE 9

B. LE BUT DU LEADER

1. L'objectif principal du leader est d'amener les gens vers l'agenda de Dieu.

2. Ne devenez pas tellement concentré sur le voyage que vous perdez de vue la destination.

3. Si vous ne comprenez pas clairement où Dieu vous emmène, vous et ceux qui vous suivent, vous ne pourrez pas diriger efficacement.

4. Le but ultime du leadership spirituel est d'amener les gens là où ils se trouvent là où Dieu veut qu'ils soient.

5. Au cours de ce voyage ,il y a trois objectifs légitimes que les chefs spirituels devraient avoir pour ceux qu'ils dirigent.

6. Ces trois objectifs sont la maturité spirituelle, former les autres à diriger et rendre gloire à Dieu.

C. 1ᵉʳ BUT : MATURITÉ SPIRITUELLE

1. La principale préoccupation de Dieu pour tous les hommes n'es tpas les résultats, mais la relation.

2. Ex 19: 4 dit que Dieu a délivré les Israélites d'Egypte afin qu'ils puissent être libre de développer une relation intime avec lui.

3. Ils ont erré dans le désert pendant 40ans parce que leur relation avec Dieu n'était pas là où il voulait qu'elle soit.

4. En ce qui concerne les relations, les dirigeants ne déplaceront jamais les gens au-delà de là où ils sont allés eux-mêmes.

5. Les dirigeants ne peuvent pas amener leur peuple dans une relation avec Christ qui plus profond qu'eux mêmes- ne sont allés.

6. Les leaders spirituels doivent continuellement grandir s'ils veulent conduire les gens vers une relation mûre et intime avec Dieu.

7. Le but est la maturité spirituelle.

8.   Le potentiel maximal est atteint lorsque ceux que vous dirigez apprennent à entendre clairement de Dieu et est prêt à répondre dans l'obéissance.

9.   Il ne suffit pas que les dirigeants entendent Dieu puis transmettent le message au peuple.

10.   Chaque personne doit apprendre à reconnaître la voix de Dieu et comprendre ce qu'Il dit.

D.   2ᵉ OBJECTIF : FORMER LES AUTRES À DIRIGER

1.   Les leaders mènent les suiveurs, les grands leaders mènent les leaders.

2.   Ne commettez pas l'erreur de penser que vous êtes indispensable.

3.   L'insécurité pousse les dirigeants à accumuler toutes les opportunités de leadership pour eux-mêmes.

4.   Cela les empêche de prendre le temps et les efforts nécessaires pour former de nouveaux dirigeants.

5.   Ne pas développer de nouveaux leaders signifie que vous avez échoué en tant que leader.

6.   Le plus grand échec de Napoléon à la bataille de Waterloo a été de ne pas avoir entraîné ses généraux à penser indépendamment de lui.

7.   Napoléon comptait entièrement sur lui-même. Son incapacité à développer des leaders autour de lui a coûté son empire.

8.   Il y a quatre habitudes que les leaders doivent pratiquer régulièrement s'ils veulent produire une récolte de leaders autour d'eux.

E.   #1-DÉLÉGUÉ DES LEADERS

1.   Attribuez une tâche ou une responsabilité à quelqu'un qui est moins ancien que vous.

2.   Ne soyez pas orgueilleux en pensant que vous devez tout faire vous-même.

3.   Non , donnez une certaine responsabilité et autorité à quelqu'un d'autre.

4.   Les dirigeants sont, par nature ,des décideurs, mais il n'est pas sage que les dirigeants prennent toutes les décisions.

5.   Cela entrave la croissance des leaders émergents.

6.   Lesleadersefficacesneprennentpastouteslesdécisions.Ilsseconcentrent   sur les plus importants.

F. #2 - LES LEADERS DONNENT AUX GENS LA LIBERTÉ D'ÉCHOUER

1.   Une fois que vous déléguez, n'interférez pas.

2.   Une fois qu'une tâche a été assignée à quelqu'un, elle doit appartenir à cette personne.

3.   Si vous vous mêlez constamment de leur travail, ils cesseront de prendre des décisions sur leur posséder.

4.   S'ils font des erreurs, et ils le feront, donnez-leur la liberté d'apprendre de ce qu'ils ont fait de mal.

5.   Parfois, il est préférable de sacrifier la perfection si cela développe des leaders dans le processus.

G. #3-LES DIRIGEANTS RECONNAISSENT LE SUCCÈS DES AUTRES

1.   Les bons leaders délèguent .Ils résistent à toute ingérence. Lorsque le travail est terminé, ils accordent du crédit là où il est mérité.

2.   L'une des plus grandes récompenses qu'un leader puisse offrir aux gens est la reconnaissance.

3.   Harry Truman a dit: "Il est remarquable de voir tout ce qui peut être accompli quand on se fiche de savoir à qui revient le mérite."

4.   Célébrez le succès. Félicitez constamment les gens pour leurs sages décisions et leurs réalisations.

5.   Trouvez des façons de montrer votre appréciation.

6.   Les gens ont besoin de savoir qu'ils font une différence positive.

7.   Quand les gens réussissent, le leader aussi.

H.   #4 - LES DIRIGEANTS DONNENT ENCOURAGEMENT ET SOUTIEN

1.   Les gens ont besoin des avoir que leur chef les soutiendra en cas d'échec.

2.   Les entraîneurs d'équipes sportives assument la responsabilité si leur équipe a un dossier perdant.

3.   Les gens ont besoin de savoir que leur chef les soutiendra si les choses deviennent difficiles.

4.   Si les gens réussissent, ils reçoivent le crédit. S'ils échouent, le chef assume la responsabilité.

5.   Cela va avec le territoire d'être un leader.

I.3ème BUT : RENDRE GLOIRE A DIEU

1.   C'est le but ultime de chaque croyant et organisation chrétienne.

2.   C'est triste à dire, certains dirigeants chrétiens sont plus préoccupés par le développement

3.   Les dirigeants doivent glorifier Dieu par la façon dont ils dirigent les autres.

4.   Dieu ne se soucie pas d'apporter la gloire aux gens, Il veut révéler Sa gloire à travers les gens.

5.   C'est l'objectif des dirigeants de garder cette vérité pour toujours devant le peuple.

6.   Le but d'apporter la gloire à Dieu doit toujours être l'objectif derrière les efforts de chaque chef spirituel.

A.   LEADERSHIP SPIRITUEL-PARTIE 10

B.   L'INFLUENCE DU LEADER

1.   La question fondamentale pour un leader est : "Comment puis-je amener les gens à faire ce qui doit être fait ?"

2.   Pour certaines personnes, exercer une influence vient naturellement.

3.   Puis il y a ceux qui luttent désespérément pour être entendus et suivis.

4.   La capacité d'influencer les autres est une exigence du leadership.

5.   Oswald Chambers a dit : "Le leadership est l'influence, la capacité d'une personne à influencer les autres."

6.   Un leader spirituel, aussi doué soit-il, n'a pas dirigé à moins que les gens ne se soient tournés vers l'agenda de Dieu.

7.   Comment les chefs spirituels y parviennent-ils?

8.   Premièrement, ils doivent savoir quel est le programme de Dieu.

9.   La chose la plus simple et la plus importante que les dirigeants doivent faire est de prier.

C.   LES DIRIGEANTS PRIENT

1.   Rien d'important pour l'éternité n'arrive en dehors de Dieu.

2.   Jésus a dit :« Sans moi ,vous ne pouvez rien faire»(Jean15 :5).

3.   Les leaders ne peuvent pas diriger efficacement sans passer du temps seul avec Dieu.

4.   Oui, les leaders sont des gens d'action. Ils sont très occupés à travailler avec des horaires serrés.

5.   Pourtant, ils doivent prendre le temps de prier car c'est la chose la plus gratifiante qu'ils puissent faire.

6.   Dieu a dit:« Vous me chercherez et vous me trouverez si vous me cherchez de tout votre cœur» (Jér. 29:13).

7.   Sans la direction de Dieu, les gens peuvent être des leaders mais ils ne sont pas des leaders spirituels.

8.   Rappelez-vous ceci: Dieu est le chef des chefs spirituels.

9.   Lorsque vous priez, la sagesse et la direction vous seront données.

10.   La position la plus puissante que prennent les leaders est lorsqu'ils s'agenouillent.

D.   POURQUOI LES DIRIGEANTS DEVRAIENT-ILS PRIER?

1.   La prière est une activité de leadership essentielle.

2.   Les dirigeants doivent être connus comme des hommes qui prient.

3.   La prière apporte le remplissage du Saint-Esprit(Eph.5:18).

4.   La prière apporte la sagesse de Dieu(Rom. 8:26,27).

5.   Prier accède à la puissance de Dieu(Matt.7:7).

6.   La prière libère le stresse (1Pierre5:7).

7.   La prière révèle l'agenda de Dieu (Marc1:30-39).

E.   LES DIRIGEANTS TRAVAILLENT DUR

1.   Les dirigeants prient et les dirigeants travaillent dur. Les deux vont toujours ensemble.

2.   Les leaders donnent le rythme aux autres. Peu de choses découragent plus les gens que les dirigeants paresseux.

3.   Les dirigeants ne doivent pas demander à leurs partisans de faire quelque chose qu'ils ne veulent pas faire eux-mêmes.

4.   Jésus était les leaders des disciples et personne n'a travaillé plus dur que lui.

5.   Jésus a montré que le vrai leadership passe par un travail acharné et des sacrifices.

6.   Une volonté de sacrifice donne aux leaders plus d'autorité auprès de leurs partisans que leur position de leader.

7.   La vie offre peu de raccourcis vers la grandeur.

8.   Si les dirigeants veulent que leurs employés fassent un effort supplémentaire, les dirigeants doivent en faire deux.

9.   Les leaders influencent les autres par leur exemple.

10.   "Faites ce que je fais "est plus convaincant que "Faites ce que je dis".

F.   LES DIRIGEANTS COMMUNIQUENT

1.   Tous les leaders spirituels doivent maîtriser l'art de la communication.

2.   Vous ne pouvez pas diriger si vous ne pouvez pas communiquer.

3.   Choisir les bons mots est crucial pour le succès d'un leader.

4.   Les leaders doivent être des étudiants en langue et en communication.

5.   Élargissez votre vocabulaire pour avoir plus de mots à votre disposition.

6.   Plongez-vous dans les Écritures et les écrits de grands penseurs.

7.   Cela améliorera vos compétences en communication et votre capacité à parler.

8.   La clé d'une communication réussie est la clarté. Prononcez des mots que les gens comprennent.

9.   Par exemple, Jésus a dit à certains pêcheurs d'être des "pêcheurs d'hommes".

10.   Il a parlé aux auditoires ruraux en termes de semer, de récolter et de récolter.

G.   LES DIRIGEANTS SERVENT

1.   Les leaders dirigent en servant et servent en dirigeant.

2.   Jésus a montré l'importance du "leadership serviteur" quand Il a lavé les pieds des disciples.

3.   Il dit: "Je t'ai donné un exemple que tu devrais aussi faire comme je t'ai fait."

4.   Jésus aimait ses disciples et vous devez donc aimer les vôtres.

5. Les leaders ne peuvent pas vraiment servir les gens qu'ils n'aiment pas.

6. Sans amour, vos actions seront considérées comme peu sincères et manipulatrices.

7. C'est l'amour que Jésus a montré à ses disciples qui lui a valu une loyauté à vie de la part de ses disciples.

8. Servir devient facile lorsque vous êtes sûr des avoir qui vous êtes en Christ.

9. Les dirigeants sont libres de servir lorsqu'ils ne sont pas asservis par les opinions ou l'affirmation des autres.

10. Jésus pouvait servir parce qu'il savait d'où il venait et où il allait.

H. LES DIRIGEANTS MAINTIENNENT UNE ATTITUDE POSITIVE

1. Un leader pessimiste est une contradiction dans les termes.

2. Un chef spirituel croit toujours que le succès est possible.

3. Ils croient qu'un groupe de personnes conduites par le Saint-Esprit peut accomplir tout ce que Dieu leur demande (Rom. 8:31).

4. Les dirigeants ne se découragent pas au milieu de l'adversité, mais maintiennent une attitude positive en toutes circonstances.

5. Si les dirigeants ne peuvent pas gérer leurs propres attitudes, on ne peut pas leur confier le moral des autres.

6. Lorsque les dirigeants croient que tout est possible, leurs partisans en viennent à le croire aussi.

7. Les leaders inspirent la confiance, pas la peur ou le pessimisme.

8. Un bon moral est souvent lié à un bon sens de l'humour.

9. Winston Churchill a dit à ses officiers : « Riez un peu et apprenez à vos hommes à rire. Si vous ne pouvez pas sourire, souriez. Si vous ne pouvez pas sourire, restez à l'écart jusqu'à ce que vous le puissiez.

10. La joie est un ingrédient essentiel du leadership. Les dirigeants sont tenus de le fournir.

I. GÉRANCE DE L'INFLUENCE

1.   L'influence est une chose puissante. L'influence s'accompagne d'une énorme responsabilité.

2.   Dieu tient les dirigeants responsables de leur gestion de l'influence.

3.   Les grands leaders ne trouvent pas d'excuses, ils améliorent les choses.

4.   Ils ne sont pas aveugles aux difficultés auxquelles ils sont confrontés, ils ne sont tout simplement pas découragés par elles .Ils ne perdent jamais confiance que les problèmes peuvent être résolus.

5.   Les chefs spirituels prient, ils travaillent dur, communiquent bien, servent et toujours garder une attitude positive.

A. LEADERSHIP SPIRITUEL-PARTIE 11

B. LA PRISE DE DECISION DU LEADER

1. La prise de décision est une responsabilité fondamentale des chefs spirituels.

2. Les gens ont besoin d'avoir l'assurance que leur chef est capable de prendre des décisions judicieuses.

3. Les décisions sages ne peuvent pas être prises avec désinvolture.

4. Les bons leaders réfléchissent sérieusement aux résultats possibles de leurs décisions.

5. La prise de décision est la pierre angulaire de l'efficacité d'un leader.

6. Les décisions affectent la vie de nombreuses personnes. C'est pourquoi ils doivent être atteints très, très soigneusement.

7. Bien sûr, toutes les décisions doivent être fermement fondées sur des principes bibliques.

C. CHERCHEZ LES CONSEILS DE DIEU

1. Les chefs spirituels recherchent toujours la direction de Dieu.

2. Dieu ne veut pas que les gens fassent ce qu'ils pensent être le mieux, Il veut qu'ils fassent ce qu'Il sait être le mieux.

3. Aucun raisonnement ne peut découvrir la volonté de Dieu. Il doit vous le révéler.

4. Il révèle Sa volonté à ceux qui recherchent Son esprit et Son cœur.

5. Dieu révèle Sa volonté à travers quatre voies : la prière, les Écritures, les autres croyants et les circonstances.

D. PRIÈRE

1. La prière est la connexion du leader à Dieu.

2. Il a dit dans Jér.33:3," invoque moi, et je te répondrai, et je te dirai des choses grandes et puissantes que vous ne connaissez pas."

3.   La prière est toujours le premier plan d'action d'un leader.

4.   Les chefs spirituels doivent passer du temps en prière quotidiennement, demandant à Dieu de les guider

Eux dans chaque décision qu'ils doivent prendre.

5.   Les dirigeants qui ne prient pas sont comme des capitaines de navires sans boussole.

6.   Ils peuvent deviner dans quelle direction aller mais n'ont jamais l'assurance qu'ils vont dans la bonne direction.

7.   Sachez ceci : Dieu dirige toujours les gens vers des choix qui lui apporteront la plus grande gloire et le plus grand honneur.

8.   La prière guidera les dirigeants vers des solutions qui honorent Dieu tout en préservant leur intégrité sur le lieu de travail.

9.   Abraham, David, Daniel, Paul et Jésus avaient une relation étroite avec Dieu le Père à cause de la prière.

10.   Ajoutez votre nom à cette liste.

E.   ÉCRITURE

1.   Dieu dirige par Sa Parole.

2.   Lorsque les gens donnent des conseils aux dirigeants, les dirigeants comparent leurs conseils avec la Parole de Dieu.

3.   Ce que Dieu dit dans la prière ,Il le confirme dans Sa Parole.

4.   Le problème avec de nombreux dirigeants est qu'ils ne connaissent pas la Parole.

5.   Si vous ne savez pas ce que dit la Parole, alors elle ne peut pas influencer vos décisions.

6.   Passez du temps de qualité dans la Parole chaque jour.

7.   Les vrais leaders spirituels reconnaissent leur totale dépendance à l'égard de Dieu.

8.   Régulièrement, ils remplissent leur cœur   et leur esprit deSa Parole.

9.   Faire cela vous fera maigrir selon les principes bibliques.

10.	Lorsqu'une décision doit être prise, le Saint-Esprit rappellera à votre mémoire un verset biblique qui fournit des conseils pertinents.

## F.	AUTRES CROYANTS

1.	L'une des garanties contre la prise de décision imprudente consiste à faire appel à un conseil avisé.

2.	Prov. 11:14 dit: "Là où il n'ya pas de direction, le peuple tombe, mais en abondance de conseillers, il y a la victoire."

3.	Prov.15:22," Sans conseil, les plans sont frustrés, mais avec de nombreux conseillers, ils réussissent."

4.	Les dirigeants devraient recruter une variété de conseillers pieux.

5.	Les dirigeants doivent donner à leurs conseillers la liberté d'exprimer leur opinion.

6.	Les bons leaders choisissent leurs conseillers avec soin(tous les conseillers ne sont pas sages).

7.	La chute de Richard Nixon est survenue parce que ses conseillers étaient des clones de lui-même.

8.	Ils ne pouvaient rien lui dire qu'il ne sache déjà et donc ils lui étaient inutiles.

9.	Les dirigeants ont besoin de conseillers qui sont des experts dans différents domaines, des personnes qui représentent de nombreux domaines de préoccupation.

10.	Un bon conseiller n'est pas celui qui est tout le temps d'accord avec vous, mais une personne qui vous dit des choses que vous ne savez pas ou que vous ne reconnaîtriez pas autrement.

## G.	CONSEILLERS PIEUX

1.	Les bons conseillers savent penser par eux-mêmes.

2.	Ils doivent être bien qualifiés avec une expertise qui manque au leader.

3.	Ils doivent avoir une expérience réussie de démonstration de sagesse lorsqu'ils travaillent avec les autres.

4.   Ils doivent être capables d'examiner les situations d'un point de vue différent de celui du chef.

5.   Tous les conseillers doivent marcher de près avec Dieu afin d'être considérés comme crédibles.

6.   Ils doivent faire preuve de compétence ainsi que d'une foi mûre.

7.   Les dirigeants ont besoin de conseillers qui prennent leurs conseils auprès de Dieu.

8.   Leur esprit et leur caractère sont façonnés par le Saint-Esprit.

9.   Conseillers qui font preuve d'honnêteté et d'intégrité dans leur caractère et leur travail.

10.   Les grands leaders deviennent grands en recherchant des personnes formidables et en apprenant de leurs idées.

H.   CIRCONSTANCES

1.   Les dirigeants ne doivent jamais être victimes de leur situation.

2.   Les dirigeants sages observent l'activité de Dieu au milieu de leurs expériences.

3.   Exemples : Une rencontre fortuite avec quelqu'un à l'épicerie ; un chèque inattendu dans le courrier; un appel téléphonique surprise.

4.   Toutes les circonstances sont considérées par les dirigeants à la lumière de ce pour quoi ils ont prié.

5.   Ils évaluent leurs circonstances pour voir si elles sont les réponses de Dieu à leurs prières.

6.   Ne soyez pas comme le gars qui a dit: «J'ai prié pour de l'argent, mais tout ce que j'ai reçu, ce sont des offres d'emploi.»

7.   Les chefs spirituels ne sont pas découragés par leur situation, ils en sont informés.

I. VIVRE AVEC LES DÉCISIONS

1. Prendre une décision ne représente que la moitié du processus. Vivre avec la décision est l'autre moitié.

2. Les dirigeants doivent accepter les conséquences des décisions qu'ils prennent.

3. Harry Truman a dit un jour:" La responsabilité s'arrête ici."Assumez l'entière responsabilité des décisions que vous prenez.

4. Les dirigeants admettent leurs erreurs. Ils apprennent des mauvais choix faits.

5. Cela ouvre la voie à la croissance personnelle et au succès futur.

6. Les erreurs sont inévitables et les personnes incapables d'admettre leurs erreurs ne sont pas qualifiées pour être des leaders.

7. Les dirigeants s'en tiennent à leurs décisions.

8. Lorsqu'un leader prend ses décisions avec soin, il ne vacillera pas une fois qu'une décision aura été prise.

9. Les leaders qui changent d'avis toutes les cinq minutes ne sont pas de bons leaders. Ils n'ont aucune idée de l'endroit où Dieu veut qu'ils aillent.

10. La meilleure assurance contre l'incohérence est d'être prudente en prenant les bonnes décisions en premier lieu.

A.   LEADERSHIP SPIRITUEL-PARTIE 12

B.   LA RÉCOMPENSE DU LEADER

1.   On écrit beaucoup sur les responsabilités du leadership, mais peu sur les récompenses d'être un leader.

2.   Savoir que Dieu récompense un bon leadership peut être encourageant.

3.   Vous devez diriger avec de nobles intentions et non pour un bénéfice personnel.

4.   Pourtant, vous ne pouvez pas ignorer le fait qu'avec leur responsabilité vient la possibilité d'obtenir des récompenses uniques.

5.   Le monde offre aux bons dirigeants richesse ,pouvoir et renommée.

6.   Cependant, sans Dieu dans leur vie,ces récompenses peuvent entraîner leur chute.

7.   Il est de loin préférable de recevoir ces récompenses spirituelles que Dieu est désireux de donner.

8.   Les récompenses spirituelles rendent les efforts de leadership valables.

9.   Ces récompenses permettent aux dirigeants vertueux de jouir du fruit de leur travail, d'éprouver un profond sentiment d'épanouissement.

10.   2Tim.4:7-8 dit qu'un leader peut s'attendre à la récompense de l'affirmation de Dieu et à la satisfaction d'un appel accompli.

C.   L'AFFIRMATION DE DIEU

1.   Aucune autre récompense n'égale la joie de savoir que Dieu est satisfait de ce que vous avez fait.

2.   Aucun trésor terrestre ne peut se comparer à cela.

3.   Plaire à Dieu apporte du plaisir dans cette vie et des récompenses éternelles dans la prochaine vie.

4.   La Bible parle de nombreuses personnes qui ont plu à Dieu.

5.   Quelques-uns de ces noms incluent Job (Job 1:18); Daniel (Dan. 9:23) ; Elisabeth (Luc 1:6,25); Marie (Luc 1:28); et Jésus (Luc 3:22).

6.   DL Moody a dit un jour : « Un jour, vous lirez dans les journaux que Moody est mort. N'en croyez pas un mot. À ce moment-là, je serai plus vivant que je ne le suis maintenant.

7.   La réalisation d'objectifs personnels procure un petit réconfort au moment de votre décès.

8.   D'un autre côté, il n'y a pas de plus grande satisfaction que d'avoir passé sa vie à obéir à l'appel de Dieu.

9.   Il n'y a pas de plus grand réconfort que d'aborder la mort sans peur, sachant que Dieu est satisfait de la façon dont vous avez vécu votre vie.

10.   La plus haute récompense pour le leadership est de sa voir que le ciel vous accueille à bras ouverts, que votre récompense céleste vous attend.

D.   UN APPEL ACCOMPLI

1.   Dieu vous récompensera avec la satisfaction de savoir que vous avez accompli sa volonté et son but pour votre vie.

2.   Les héros de la Bible n'étaient pas parfaits mais Dieu les a utilisés pour accomplir Ses desseins célestes.

3.   Ceux qui résistent à la volonté de Dieu pour leur vie ne font jamais l'expérience de tout ce que Dieu a en réserve pour eux.

4.   Paul a dit dans Phil.3:14,"Je cours vers le but pour le prix de l'appel céleste de Dieu en Jésus-Christ."

5.   Faites-en votre ambition dans la vie de suivre la volonté de Dieu sans hésitation et de la poursuivre de tout votre cœur, de toute votre âme et de toutes vos forces.

6.   Actes26:19dit:"Je n'ai pas désobéi à la vision céleste."

7.   Jésus a dit :"Je t'ai glorifié sur la terre , ayant accompli l'œuvre que tu m'as donnée à faire" (Jean 17:4).

8.   Vivez de manière à pouvoir dire la même chose.

9.   Il n'ya pas de vie plus épanouissante à vivre qu'une vie vécue selon la volonté de Dieu.

10.   Lorsque cela arrivera, un jour Dieu vous dira : « C'est bien, bon et fidèle serviteur. Il n'ya pas de plus grande bénédiction que cela.

E.   LES RÉCOMPENSES DE L'INTÉGRITÉ

1.   En plus de ces récompenses spirituelles, il existe également des récompenses personnelles pour le leadership personnel.

2.   Ces avantages sont le débordement de la bénédiction de Dieu sur les dirigeants qui ouvrent la voie de Dieu.

3.   Un leader doit vivre une vie intègre, une vie vraie, cohérente et authentique.

4.   C'est triste à dire, certains dirigeants renoncent à l'intégrité pour réussir.

5.   C'est une tragédie .Même s'ils gagnent, ils perdent.

6.   Quatre récompenses sont accordées aux dirigeants qui vivent avec intégrité.

F.   INTÉGRITÉ À LA MAISON

1.   Si vous voulez savoir ce qu'est vraiment un leader, demandez à sa famille.

2.   Un leader intègre ne donnera pas le meilleur de lui-même au travail et ne donnera pas les restes à sa famille.

3.   Non, l'intégrité commence à la maison.

4.   Les bons leaders connaissent leurs priorités et organisent leur vie en conséquence.

5.   Ils comprennent que leurs plus grandes réalisations en tant que leaders doivent se produire chez eux.

6.   Les vrais leaders spirituels déplacent leurs familles de là où ils se trouvent là où Dieu veut qu'ils soient.

G.   INTÉGRITÉ AU TRAVAIL

1.   Il y a une récompense pour les personnes qui s'investissent avec intégrité dans leur travail.

2.   Les dirigeants chrétiens demandent toujours : «Quel est le programme de Dieu sur mon lieu de travail?»

3.   Les chefs spirituels accomplissent leur travail avec intégrité et le font pour honorer leur Seigneur.

4.   Donnez toujours le meilleur de vous-même dans votre travail, prospérez pour bien faire, pour être le meilleur travailleur possible.

5.   Ne compromettez jamais votre intégrité.

6.   Votre obéissance au Christ remplace votre obligation envers l'entreprise pour laquelle vous travaillez.

7.   Les dirigeants qui placent la piété avant le succès mondain peuvent être rassurés de savoir que leur intégrité est intacte.

8.   Rappelez-vous toujours que la principale préoccupation de Dieu est de faire avancer son royaume, pas le succès des gens.

H.   INTÉGRITÉ DANS LES RELATIONS

1.   Certaines des plus grandes récompenses viennent du domaine des relations.

2.   De nombreux dirigeants ont utilisé les gens comme tremplins sur la voie du succès. Ces dirigeants sont des gens solitaires.

3.   Les dirigeants sages savent que les gens ne sont jamais le moyen d'atteindre une fin, ils sont la fin.

4.   Les vrais leaders feront tout leur possible pour traiter les autres avec dignité et préserver les relations.

5.   Les leaders aident les autres à atteindre la maturité .Les leaders ne méprisent jamais les autres s'ils ne sont pas aussi spirituels qu'eux.

6.   La capacité de regarder les gens dans les yeux et de savoir que vous n'avez rien fait dont vous ayez honte est une récompense de grande valeur.

I.   INTÉGRITÉ AVEC SOI-MÊME

1.   C'est triste à dire, de nombreuses personnes qui réussissent se suicident chaque année.

2.	Pourquoi cela se produit-il ?Ils ne peuvent pas vivre avec la culpabilité et la honte pour violer leurs convictions morales pour réussir.

3.	Dieu donne des directives claires sur la façon dont les dirigeants doivent vivre leur vie, un code de conduite qu'ils doivent suivre.

4.	Judas Iscariot a violé de ses propres principes et s'est suicidé.

5.	D'autre part, ceux qui restent fidèles à leurs convictions obtiennent une grande satisfaction dans la vie.

6.	Les leaders intègres vivront leurs convictions tout au long de leur vie.

**J.	CONCLUSION**

1.	Le leadership spirituel est une noble entreprise.

2.	Aider les gens à grandir, à mûrir et à acquérir de nouvelles compétences est extrêmement gratifiant.

3.	Prendre des personnes faibles et inefficaces et les transformer en personnes productives apporte une immense satisfaction.

4.	Les gens ne deviennent pas des leaders par accident.

5.	Unleadershipefficacevientd'untravailacharnéetd'uneffortsansfinpour apprendre et grandir.

6.	Enfin de compte, le leadership spirituel est le résultat de l'action du Saint-Esprit.

7.	C'est le Saint-Esprit qui révèle la volonté de Dieu aux hommes.

8.	C'est le Saint-Esprit qui équipe les gens pour diriger les autres.

9.	Si Dieu vous a appelé à diriger ,il est parfaitement capable de faire de vous le leader qu'il veut que vous soyez.

10.	Il suffit de votre volonté de lui obéir et de faire ce qu'il vous dit de faire.

Table des matières

Bibliographie

LA GESTION POUR LES DIRIGEANTS D'EGLISE du Dr BARRY VOSS

Printed by Books on Demand GmbH, Norderstedt / Germany